▼思春期問題シリーズ⑤

少年非行と修復的司法

——被害者と加害者の対話がもたらすもの——

山田　由紀子

目次

本文写真 倉橋 篤

1

修復的司法と被害者加害者の対話

ＮＰＯ法人対話の会

千葉県にあるＮＰＯ法人対話の会は、二〇〇一年から修復的司法の理念に基づき、少年事件を中心に、被害者と加害少年の対話を取り結ぶ活動を行ってきた。

修復的司法とは、犯罪行為によって最も直接的な影響を受けた人々、すなわち被害者、加害者、彼らの家族、そして地域社会の代表者たちに、犯罪に起因する危害に直接的に対応する機会を与える被害者中心の対応である。

修復的司法の特徴は、既存の刑事司法と比較するとわかりやすい。既存の刑事司法では、犯罪を国家の決めた法を侵すことととらえ、国家が犯罪をおかした人を処罰するのが刑事裁判、つまり犯罪に対して国家対被告人という関係で対応する。これに対して修復的司法は、犯罪を地域社会の中に起きた害悪ととらえ、この害悪に対して被害者・加害者・地域の人々が自分たちの力で埋め合わせするという対応をするものなのである。

ＮＰＯ法人対話の会で中心的に組織を運営しているのは、家庭裁判所の調停委員や元調査官、弁護士などだが、実際の対話を取り結ぶ「進行役」は、研修を受けた市民ボランティアである。

ＮＰＯ法人対話の会では、これまでに七十件の申し込みを受け、内二十七件で実際に被害者と加害者が会って話し合う『対話の会』が成立した。その内訳は、殺人未遂・傷害致死などの重いケースから窃盗などの比較的軽いケース、あるいは強制わいせつなど、一般の人には対話が想像し難いケースなどさまざまだ。『対話の会』が開けなかったケースでも、間接的に加害者の謝罪の気持ちが被害者に伝わり、被害者の被害の実情が加害者に伝わることで、双方にとってプラスになる影響がもたらされている。

非行をおかした少年にとっての対話の意義

私は長年、弁護士として少年事件の付添人をしてきた。付添人の活動では、少年に自分が非行をおかした原因を考えてもらい、どうしたらそれを改善できるかということに気づいてもらう手助けをすることが重要だが、同時に、自分のしてしまったことの結果、つまり被害のことを深く受け止めてもらう必要がある。ところが、少年たちは社会経験が乏しく判断能力も未熟なため、なかなかこの「被害」について具体的に想像することができない。抽象的に、法を侵したことや物を盗ったことについては「ごめんなさい」と言えるのだが、それでは真に被害の実情を受け止めたとはいえず、Aさん、Bさんという生身の被害者その人に対して「ごめんなさい」と言っていることにもならないのである。

あるバイク窃盗の少年の場合

Ｋ君は大学生。小さい頃から父親にサッカー少年として育てられ、才能もあったことから、チームでもてはやされ、大学もサッカー推薦で楽に入ることができた。しかし、練習はきつく、いつも父親の言いなりになっている自分にもふがいなさを感じて、何かパッとした憂《う》さ晴らしがしたかった。そのとき目に入ったのが、駐車場に止めてあるバイクだった。「バイクに乗って飛ばしてみたら、どんなにすっきりするだろう」、そう思ったＫ君は、鍵のついたバイクを盗んで乗り回しては乗り捨てるという行為を繰り返してしまった。

Ｋ君は、二件のバイク窃盗で逮捕され、少年鑑別所に送られた。ただ、それ以外には前歴もなく、学校生活もまじめに過ごしてきたため、審判では試験観察となって、次の審判までの間、自宅に帰り大学にも通うことが許された。付添人弁護士は、Ｋ君の反省を認めながらも、その反省が自分の経歴に傷をつけてしまったことへの後悔からきており、自分の行為がどれだけ他人に迷惑をかけたのかという点では不十分と感じて、Ｋ君に『対話の会』への申し込みを勧めた。

バイクを盗まれたY君との対話

K君が盗んだバイクのうち一台は、高校三年生のY君のものだった。ボランティア進行役の十分な準備のあと、加害者側であるK君とK君の父、被害者側であるY君とY君の父との対話の会が開かれた。

対話の会の第一段階では、参加者各自がその犯罪での自分の体験を語る。K君が、盗んだときの自分の気持ちやその原因について語ったあと、Y君とY君の父から、こんなことが語られた。

Y君　僕もね。いろんなことがあって、バイクに乗れたらすっきりすると思ってこのバイクを買ったんだ。だからK君の気持ちはよくわかるよ。でも、バイクが欲しいんなら、やっぱり社会のルールに従って手に入れないといけないんじゃないかなぁ。

Y君の父　実は、Yは長いこと不登校で、ひきこもりみたいになってたんですよ。そのYが、珍しく自分でバイクを買いたいって言い出して……。私も、これが前向きになるきっかけになればと思って賛成しました。Yは一生懸命バイトして、バイク代も自分で払い、それは大事にしてましたよ。そのバイクが盗まれた時は、そりゃあショックでしたよ。もっとショックだったのは、バイクが乗り捨ててあったと警察から電話があって、見に行ったらサビだらけで汚れていて、とても乗れるような状態じゃないとわかった時です。

バイクを盗まれた町工場の社長さん・工員さんとの対話

もう一台のバイクは、町工場の社長Mさんの所有で、工場の仕事に使うため、いつも工員のNさんが乗ったり管理したりしていたバイクだった。

Nさん　社長はいい人だから、「気にすんな」って言ってくれたけど、俺は、俺が鍵を付けっ放しにしてたせいで盗まれたんだから、弁償しなきゃって思ったよ。だけど金がないから、女房に「うちの車、売ってでも弁償する」って言って、心配もかけた。あんたさぁ、こんなこと大学に知れたら、大学にもいられなくなるんじゃないの？　そういうこと、わかってる？

Mさん　まあまあ、そこまで言わなくても。Nが言いたいことは、K君がいろいろ恵まれてるのに、そのこと、あまり大事に思ってないんじゃないかってことですよ。ま、俺がK君に言いたいのは、親孝行しろってことかな？　それとさぁ、家も近いんだし、大学ちゃんと卒業したら、卒業できたって、顔見せてよ。

二つの対話がK君にもたらしたもの

一つ年下のY君に言われた「社会のルールに従って」という言葉、Y君のお父さんが言った「不登校だったY君にとってのバイクの大切さ」、Nさんの怒り、Mさんの優しさ、そのどれもがK君の心に大きなくさびを打ったことは言うまでもない。

それまで、警察でも裁判所でも「被害者のことを考えろ」と言われてきたK君だったが、いくら考えようとしても、頭に思い浮かぶのは、バイクという〝物〟だけだった。ところが、対話の後のK君は、Y君の人生、Y君を励ますお父さんの気持ち、Nさんの怒り、NさんもK君も優しく包み込んでくれるようなMさんの人柄、それら全部がこの事件の〝被害〟であり、それは単なる〝物〟ではなく〝人〟なのだと実感したのである。

被害者にとっても有益な対話

『対話の会』の第一段階が、参加者それぞれの「体験を語る」という形をとっていることは、被害者にとっても、その被害をやわらげる効果がある。加害者が被害の実情を具体的に想像し難いのと同じように、被害者も、加害者のことを具体的に想像することは難しく、ステレオタイプに「ワル」とか「不良」とかを思い浮かべて恐怖や不安にかられている。

しかし、実際の加害少年に会ってみれば、K君のように日頃はまじめで、心の悩みから非行をおかしてしまう少年もいれば、一見「ワル」のように見えても、実は幼い頃から虐待やいじめにあった結果、そうなってしまったことがわかる場合もある。

加害者が「体験を語る」ことによって、それらの事情を理解した被害者は、それまでの「また襲われるかもしれないという恐怖」や「世の中には、こんな酷いことをする人もいるのだから、もう人を信じられない」などという人間不信から解放され、加害者も自分と同じ弱さを持った一人の人間だと知ることによって、心がやわらぐのである。Y君やMさんの言葉も、その結果であって、決して彼らも被害を受けた最初から加害者に対して優しい言葉を持ち合わせていたわけではない。

私たち対話の会のスタッフは、自分も、あるいは、自分の子どもも、いつ被害者になるかもしれない、加害者になるかもしれない、という思いで、この活動をしている。被害者と加害者を「つなぐ」この活動自体が、地域を人と人とが「つながる」社会に一歩でも近づけることなのだと信じて……。

どうして対話の会の活動を始めたのか

一九九七年に起きた神戸連続児童殺傷事件を契機に、日本社会で、「犯罪被害者の権利が守られていない」「被害者の権利を高めるべきだ」という声が沸き起こった。その声は、瞬く間に「少年法は犯罪少年に甘すぎる」「少年法をもっと厳罰化すべきだ」という少年法バッシングに繋《つな》がっていった。

私は、被害者の権利については、私たち弁護士も十分取り組んでこなかったことを大いに反省すべきだと思うものの、シーソーゲームのように、被害者の権利を高めるために加害少年の権利を低めなければならないかのような論調には大きな疑問を持った。少年事件は、少年の成育歴や内面の葛藤にその原因があることが多く、そこに手立てを講じずに厳罰に処しても、少年の更生や再犯防止は期待できないからである。

しかし、このような少年法の理念を説くだけでは、なかなか被害者の納得は得られず、社会の風潮も変えられそうもなかった。私は、何とか一方が高まると他方が低まるシーソーゲームではない解決策はないものかと悩んでいた。

そんな折り、日本弁護士連合会に新しい留学制度が設けられた。私は、厳罰化先進国であるアメリカでこの解決策を見つけたいと思い、一九九八年から一年間、ニューヨーク大学に留学した。そこで、修復的司法と出会い、「これこそが私が探していた答えだ。被害者にも加害者にもプラスになる解決策だ」と感じ、日本に帰ってから、初代理事長・大塚喜一弁護士の絶大なリーダーシップのお陰で設立できたのが、ＮＰＯ法人対話の会なのである。

2　『対話の会』の進め方

対話の会への申し込み

①　申し込み

被害者、加害少年、各々の家族、代理人弁護士など、誰からでも電話やメールで、対話の会に簡単に申し込むことができる。対話の会のパンフレットには、そのまま郵送できる申込書も添えられている。将来的には、欧米で現に行われているように、家庭裁判所、保護観察所、少年院、被害者支援機関などから事件の委託を受け、当事者の了承のもとでその結果を委託機関に報告することも目指している。

費用はまったく無料で、申込者からも相手方からも金銭の受領は一切していない。財政的には、百六十人ほどいる会員の会費によってまかなわれている。

②　対象となる事件

開設から二〇一三年までは少年事件を対象に活動してきたが、その実践経験から、成人の犯罪事件、いじめ問題、親子や近隣の紛争など、さまざまな対立問題の修復に対話が役立つことがわかり、今は対象を広げている。

ただ、犯罪事件の場合、加害者側が犯罪を認めていることが要件となる。えん罪である等、犯罪事実を争う場合には、裁判制度の中でしっかり事実認定すべきだからである。

③『対話の会』を実施する時期

実施の時期は、司法手続き等のどの段階にあるかを問わない。たとえば警察に通報されていないような学校内での暴力行為やスーパーでの万引きなどでも受け付けるし、警察が立件した事件では、少年審判前（ただし、少年本人が『対話の会』に参加できるのは、現時点では在宅事件か在宅試験観察中に限られる）であっても、審判後（保護観察になったようなケース）であっても、さらには少年院を退院した後であってもよい。

少年事件は、狭い地域社会の中で起きることが多い。少年院で良い矯正教育を受け社会復帰に大きな意欲を持って地元に帰る少年たちも、そこに住む被害者や地域の人々にそれを知ってもらう機会がなければ、いつまでも以前と同じ非行少年として白い目で見られ、やがてはそれに絶望して再非行に陥ってしまう。ＮＰＯ法人対話の会は、特にこのような審判後・少年院退院後の少年の社会復帰のために対話のプログラムを生かしたいと考えている。

④ 参加の任意性

両当事者が『対話の会』への参加に同意していることが要件となる。申込者は、自らすすんで対話を求めているのであるから、通常、任意性に問題はない。問題は相手方であり、進行役は、相手方に『対話の会』の趣旨と申込者が対話を求める理由を十分説明し、相手方のニーズを把握したうえで、押しつけにならないよう配慮しながら参加への同意を求める。ただし、被害者が加害少年との対面を恐れるのはむしろ普通のことであるし、逆に加害少年の側が被害者に責められることを恐れて参加をためらうこともある。進行役が申込者と事前に会って、このような恐れをいだく必要はないと確信できた場合には、相手方にこの点をよく伝えて、参加を勧めたり励ましたりすることが必要である。

対話の会の準備

①　ケースの申し込みがあると、運営委員会は進行役二名を選任する

②　進行役は、まず申込者側と会って、事件の内容や対話に何を求めているのかを十分聞き取り、対話への適格性を判断する

適格性とは、加害者側については、事件に対する反省や被害者に対する謝罪の気持ちがあること、被害者側については、事実を知りたい、謝罪や被害弁償を受けたいなどのニーズがあり、加害者側の話しを聞こうとする姿勢があることであり、双方ともに相手の人格を尊重して話し合えることである。

申込者が適格性に欠ける場合、たとえば申込者が加害少年で、事件への反省や被害者に対する

●申し込みから開催までの流れ

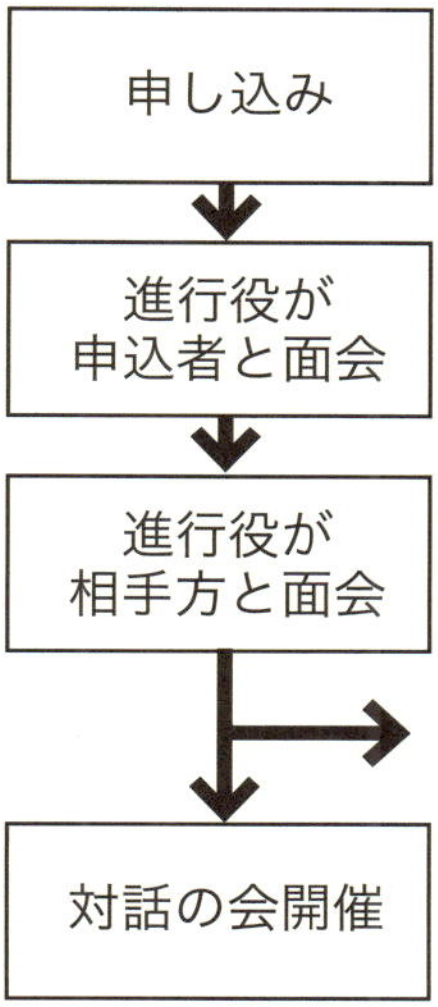

進行役が、対話の会に申し込んだ事情やニーズなどをお伺いします

進行役が、相手方に会って、『対話の会』に参加する気持ちがあるか、また申込者のニーズを実現することができるかなどを確認します

『対話の会』を安全に開催することができないと思われる場合、対話の会は行いません

謝罪の気持ちがないのに、審判での処分を軽くしたいという意図のみで申し込んでいるような場合は（実際には、そのような例はほとんどない）、この段階で申し込みを断るか、申込者が適格性を持つに至るまでよく準備してから、相手方に連絡することにする。

③ 申込者に適格性ありと判断した場合に、初めて相手方に手紙を出す

手紙では、申込者が対話の申し込みをした趣旨を書き、対話の会のパンフレットを同封して『対話の会』の目的や進め方を説明した上で、事件によるダメージの修復と被害者加害者双方の立ち直りのために『対話の会』に参加していただきたいとお願いする。

④ 相手方との連絡

相手方が手紙を読み、参加について考える

時間がとれた頃を見計らって進行役が相手方に電話し、さらに口頭で『対話の会』の説明を補足したり、相手方からの質問に答えたりしつつ、参加するかどうか決めるために一度会っていただきたいとお願いする。

⑤ 相手方と会う

相手方と面談し、対話の目的・意義などを十分に説明した上で、相手方の話しを十分に聞き、相手方にとっても『対話の会』に参加するニーズがあるか、適格性があるかを判断し、これがあると判断した場合には参加を勧める。

当然のことながら、『対話の会』は、ただ単に被害者と加害者を会わせてみるということでは決してない。事件の重さや事件発生からの時間的経過、被害者の心情、加害者の反省の度合いなどによっては、対面が二次被害を生むこともあり得る。また、そこまでではないにしても、関係修復が期待できない場合も大いにあり得る。そのような場合には、たとえ一方が対話を強く望んでいても、躊躇せずに対話を断念するか、時期を先に延ばすかしなければならない。また、直接の対面を避け、間接的に進行役が双方の間を行き来して、互いの意向や情報を伝えることによって一定の修復をはかることもある。

⑥ 『対話の会』の参加者

両当事者とその家族が参加できることはもちろん、被害者の支援者（支援ＮＰＯ、友人等）や加害少年の支援者（教師、雇い主、友人等）、事件に関わった地域の人なども参加できる。加害少年が少年院に入院中で参加が困難なケースでは、被害者と加害少年の保護者のみの対話もあり得る。

当事者以外の参加については、両当事者の了解を得、当事者同様に事前面談して参加の適格性を判断するとともに、被害者側と加害者側の人数のバランスがとれるように配慮する。

⑦『対話の会』の日時と場所

日時は可能な限り当事者の都合に合わせ、場所は双方にとって公平で秘密が保て、安心できる場所、たとえば公民館やコミュニティーセンター、弁護士会館などで行う。一応、一ケースにつき一回の対話、時間にして一時間程度を目安とするが、必要に応じて回数や時間を増やすこともあり得る。

十分な準備を経て開かれる『対話の会』

『対話の会』を開くまでには、進行役による十分な準備が必要である。事前面談で当事者の事情や気持ちを十分把握し、時には何度も双方の間を行き来して、今『対話の会』を開けば双方にとってプラスになるという自信が持てたとき、初めて『対話の会』の開催を決めるのである。

こうして開かれる『対話の会』は、非公開・秘密保持を基本とし、『対話の会』での各自の発言については、後述する合意に関わる事項を除き、録音や記録は一切とらない。『対話の会』で重要なのは、お互いが正直な心情を吐露することにより相手の立場を理解し合うことである。その対話のプロセスと、対話がお互いの心にもたらすものこそが重要なのであって、録音や記録はそもそも必要性がないばかりか、かえってそれらが後に何かに利用されはしまいかとの不安や疑念をもたらし、自由な会話を阻害するおそれがあるからである。

第一段階　各参加者が犯罪での自分の体験、犯罪によって受けた影響を話す時間

被害者は、被害にあったときどれだけ怖かったか、事件後もその影響にどれだけ苦しんでいるかなどを話し、加害少年は自分がなぜその非行をおかしてしまったのか、今その非行についてどう思っているかなどを話す。

ここで「自分の体験を話す」というルールにしたがって話すことは、対話が相手の人格を尊重したものとなり、かつ相手の立場を理解するものとなるために非常に重要な意味を持っている。仮にこのようなプログラムの介在なしに被害者と加害者が会えば、そこでの会話は、被害者が加害者に向かって一方的に「あなたは私にこんな酷いことをした」と責め、加害者はただ謝ったりうなだれたりするものになりがちである。

被害者の気持ちとしてはもっともなことではあるが、そのような会話で本当に被害者の心情が加害者に伝わり、加害者が真の反省にいたるのかというと、それは疑問である。加害者は、最初は何を言われても仕方がないと我慢するかもしれないが、一方的に責められ続けるうちに反発を感じたり、自分も被害者の落ち度を追及したくなったりする。しかも、立場上それを言えずに胸のうちに収めるとなれば、なおさら不満が残ってしまう。

これに対して、被害者が「自分の体験を話す」というルールに則って話す場合には、「あなたは……した」という非難の形ではなく、「私はこのようにして被害に遭い、その後もこんなにつらい思いをしている」という体験談の形で話すことになる。同じ内容であっても、被害者が加害者への非難という形ではなく自分の体験という形で語ることによって、加害者は素直にこれを聞き、心で感じながら受け止めることができるようになる。主語が「あなた」であるか「私」であるかの違いは大きいのである。

次に、加害少年にも同じく体験を話す機会が与えられ、「私はこうして犯罪をおかすようになった」と語ることができ、単なる弁解としてではない事実として、犯罪に至った経緯や逮捕されて以後どのように反省を深めてきたかなどを、被害者に知ってもらうことができる。被害者にとっても、ただ頭を下げてひたすら謝られただけの場合には知ることのできない非行原因や反省の度合いを知ることができ、それが恐怖心の払拭や傷ついた心の快復につながるのである。

第二段階　質問と答えの時間

多くの被害者は、「どうして自分が襲われたのか」、「警察に通報したことで、加害者が自分を逆恨みしているのではないか」などの疑問や不安をもっており、これを加害少年に直接尋ねることができる。

もし対話の会の場でなければ、被害者は加害者を恐れて聞けないだろうが、事前準備で十分信頼関係ができている進行役がそこに居てくれ、第一段階で加害者から謝罪や反省の言葉が述べられたあとであれば、被害者は安心して聞きたいことを質問できる。加害少年からも、被害の実情や後遺症などについてさらに詳しく質問したり、自分がどんなことをすれば被害者への償いになるのかなどを直接尋ねることができる。

第三段階　被害の回復や少年の更生のために何ができるか話し合う時間

金銭的な賠償に限らず、参加者の創造的な発案によって、加害少年に実行可能で柔軟な償い方法、たとえば被害者に定期的に手紙を書く、ボランティア活動をするなどが考え出されるのが望ましい。既存の少年司法や民事司法における償い方法は、保護観察、少年院送致等の保護処分と金銭賠償に限られているが、ここでは参加者の創意工夫により、そのケースと当事者に最も相応しい方法が自由に考え出されてよい。そして少年は、上から押しつけられた償いではなく、自ら積極的に提案し選び取った償いをすることに責任感と達成感を感じることができ、これが立ち直りへの大きな自信に繋《つな》がるのである。

第四段階　合意に至った時

話し合いが合意に達した場合、進行役はその内容を文書にまとめ、これを読み上げて参加者に確認し、合意文書として各参加者の署名をもらってコピーを渡す。

ただし、合意は『対話の会』の目的ではないから、参加者が必要としなければ合意自体なくてもよいし（たとえば、裁判や付添人弁護士によってすでに被害弁償がなされており、被害者の事実を知りたいというニーズのみを充たすために『対話の会』が開かれたような場合）、合意に達したが文書にはしないというケース（たとえば、被害者が文書による拘束力より加害少年の自発的な意志で償いを実行してもらいたいと望むような場合）があってもよい。

「対話の会」のフォローアップ

参加者の同意があれば、加害少年の事件が係属している裁判所や加害少年が矯正教育を受けている少年院、保護観察所などに、合意が成立したことについて報告する場合もある。

長期分割で被害弁償を払うなど、合意内容の実現に何カ月、ときには何年もかかる場合もあるが、このような場合、進行役は、その後も当事者と定期的に連絡を取り、合意内容が実行されているか否かを確認する。少年事件においては、合意時には誠実に実行するつもりでも、後日職を失うなどの事情から実行困難になることも珍しくない。進行役は、当事者と面談して、その理由をよく聞き取り、相手方に理解や猶予を求めたり、加害少年が根気よく実行し続けるように励ましたりする。

必要があれば、再度の『対話の会』を開くこともあり得る。

3

『対話の会』で出会った被害者・加害少年

※対話の会に申し込みがあったケースについては守秘義務があるので、被害者・加害少年のプライバシー保護のため、実際のケースをデフォルメして書いています。

被害は物だけではない――「住居侵入・窃盗ケース」

・加害者少年側からの申し込みと事前面談

加害少年は、友人と二人で、夜、施錠されている住宅の二階の窓ガラスを割って侵入し、指輪二個を盗んだ。彼の付添人弁護士が、被害者と示談交渉した際、被害者夫婦のうちの夫から「直接加害少年に自分の気持ちを話したい」と告げられ、「対話の会」がその場に相応しいと判断して、少年に勧め、申し込みに至った。

進行役が会ってみると、加害少年は、何でも素直に話してくれる明るく快活な少年だったが、反面、この事件を起こしたことをどこまで深く考えているのか疑問に思える面もあった。

両親からは、「本当に反省しているのかな」と感じてしまう日頃の様子や少年の〝軽い〟とも取れる言動を見ていて、「被害者の方に直接会って、初めて反省の気持ちを深く心に刻んでいくことができると思う。そうなってほしい」という願いが語られた。

・被害者との事前面談

被害者夫婦は、新婚の若いご夫婦で、侵入されたのは結婚して初めて住んだ新居。盗まれたのは二人の結婚指輪だった。奥さんは、大事な結婚指輪が盗まれ、新居の家具や床が少年たちの土足や警察の指紋採取などで台無しになり、どこの誰とも知れない人間が寝室にまで入り込んだ気味の悪さ、また侵入されるのではないかという恐怖などで精神的被害が大きく、未だに事件の話はできない状態とのことで、事前面談はご主人のみで行った。

ご主人は、事件当時の状況や気持ち、事件後には夜間パトロールをするなど地域の防犯意識も高まったが、迷惑もかけてしまったことなどを、とつとつと語った。

奥さんには、様子を見てご主人から『対話の会』のことを話してもらい、できれば『対話の会』が奥さんの精神的被害の回復に役立ってくれるとよいと願った。しかし残念なことに最後まで奥さんは進行役に会う気持ちにもなれず、『対話の会』はご主人のみの参加で行われることになった。

進行役から、被害者側、特に奥さんにとって、この事件がいかにショックだったかを加害少年に伝えると、少年は驚いた様子でうつむいていたが、自分にとってはほんの些細な〝わるさ〟のような事件が、被害者に与えた深刻な影響を思い知った様子だった。

・『対話の会』の開催

事前面談の際に雄弁とも思えた少年は、頬を紅潮させ、体を硬くして、かなり緊張している様子だった。

第一段階では、被害者であるご主人が、事件当時の状況、心情、怒り、未だに続く不安、憤りを、時に少年を諭すように語っていった。その言葉の一つ一つが、少年の心に深く浸透していく様子が手に取るように感じられた。自分が話す番になった少年は、うっすらと目に涙を浮かべながら、自分の後悔と反省、そこに居ない奥さんに対する分も含めた心からの謝罪、今後への意欲を語った。

『対話の会』を終えようとした時、少年の父が「最後に握手していただきなさい」と口添えした。少年は、照れながらご主人と握手をし、ご主人は「二度とこんなことしちゃいけないよ。頑張れよ」と念を押し、少年を励ました。

加害少年の両親の、「被害者の方に直接会って、初めて反省の気持ちを心に刻んでいくことができると思う」という願いが実現できた『対話の会』であった。少年は、犯罪の被害が財産的な物だけではないこと、犯罪は人の心や人生を傷つけるものだということを、きっと一生忘れないだろう。

償いの方法はお金だけではない――「非現住建造物放火ケース」

・加害者少年側からの申し込みと事前面談

事件があったのは、博物館もある広い市立公園だった。そこは縄文時代に貝塚があった場所で、自然林や昔の地形が残っており、自然環境の学習によく利用され、市民の憩いの場となっていた。

公園の中には、復元された縄文時代の竪穴式《たてあな》住居が八棟あった。

一月の深夜、公園でたむろしていた加害少年ら三人の少年たちが「寒いから焚き火をしよう」ということになり、竪穴式住居の周りの枯葉や藁を集めて、ライターで火をつけた。たちまち竪穴式住居に火が移り、驚いた三人はあわてて逃げ去ったが、途中、警察官に職務質問され連行された。

対話の会への申し込みは、加害少年の一人の付添人弁護士からだった。被害者が個人でないこともあってか、今ひとつ、少年には自分のしたことの重さがわかっていないのではないかという懸念からだった。

実際、加害少年に会ってみると、自分は警察の取り調べに対して「知らない」と言い張ったのに、他の二人の少年がすぐ認めてしまったからこんなことになったと不満を言い、償いについても「先輩の紹介で仕事を始めたばかりだから、収入も少ないし、払えない。『対話の会』に出ても仕方がない」と言い、反省も謝罪の言葉も聞けない状態だった。

このままでは、本人の申し込み意思すらなく、被害者側に働きかけられる状態ではないことを付添人弁護士に告げると、「もう少し時間をかけて少年の気持ちを変える努力をしてみるので、待っていてほしい」という、うれしい答えが返ってきた。

それから二カ月半後、付添人弁護士から、少年が『対話の会』に参加する気になったという知らせが届いた。少年の雇い主がとても暖かい人で、少年はほめられながら仕事をおぼえていく中で、前向きさと素直な気持ちを取り戻したようだった。

・『対話の会』の開催

公園は市のものなので、被害者側としては、公園の管理者である博物館の館長さんと副館長さんに代表して出てもらうことになった。

第一段階で、館長さんと副館長さんは、事件直後の大変だった様子を少年に分かりやすく話してくれた。「警察から連絡があってすぐ職員全員が集まり、火災の後片付けを始めた。二日間休日を返上して急いだのは、焼け跡を公園に来た人の目にさらし、事件のことがいろいろ噂されるのは、君たちにとっても決して良くないと思ったから」と、公園を愛する人たちと加害少年らへの気遣いを語った。

また、竪穴式住居を建て直すには、大変な手間のかかることも教えてくれた。「まず、萱《かや》を集め、それを何カ月もかけて乾燥させ、春まで保管してから建物を建てるんだ。人手もいるし、時間もかかる。だから、市の広報誌で広く市民からボランティアを募り、みんなの力で建て直そうと思う」と話してくれた。そして少年の心の問題に深い理解と寛容さを持っている館長さんたちは、少年に金銭的な被害弁償は求めず、「僕が君に望むのは〝この公園を好きになってほしい〟ということだ。できれば、一般市民のひとりとしてボランティアに参加してほしい。でも強制はしないよ」と言った。

少年は、投げやりな態度だった三カ月前とはまるで別人のように穏やかな表情で館長さんたちの話に聞き入り、「実は小さいときからこの公園に何度も来たことがあり、親しみを持っていました。市民ボランティアに参加したいです」と答えた。

そして最後に少年は、付添人や調査官から勧められて、この公園の成り立ちなどを調べた分厚いレポートを照れくさそうに差し出した。館長さんから「よく頑張って作ったねぇ」とほめられると、十六歳の素直な笑顔が返ってきた。

館長さんたちと少年のやり取りが、緑豊かな公園に吹き渡る風のように、進行役の心にさわやかに吹き渡った『対話の会』だった。

まだ許してはいないけど、もう怒ってないよ――「殺人未遂ケース」

・対話の会への申し込み

加害少年は、姉のように慕っていた友達である被害少女と、歩きながら話していた。親からの愛情をしっかり感じ取れないまま成長してきたせいか、少年には、自分を強く見せたい、格好良く見せたいと見栄を張って嘘をつく癖があった。その日も、被害少女に、「車で送る。すぐそこの駐車場に車を止めてある」と嘘をついていた。もうすぐ駐車場に着く。嘘がばれる、と恐れた少年は、たまたま別の目的で持っていた包丁で発作的に被害少女の背中を刺し、全治一カ月の重傷を負わせてしまった。

少年は、殺人未遂罪で逮捕され、少年審判で長期処遇勧告付の少年院送致に処された。三年間の少年院生活の中で、彼は、信頼できる教官と出会い、日々少女に申し訳ないことをした、出たらすぐに謝ろうという気持ちを募らせていた。そして、少年院を出るとすぐ、少年審判の時の付添人弁護士にその気持ちを伝えた。

他方、被害少女は、重いケガとその後遺症のためにつらい日々を送っていたが、三年の月日が、ようやく少し落ち着いた気持ちをもたらし、「このつらい過去に決別して、新たな人生を送りたい」と思うようになり、それには少年が今この事件のことをどう思っているかを知る必要があると考えた。そして、偶然にも同じころ、少年の付添人弁護士にそのことを電話してみたのだった。

双方の話を聞いた付添人弁護士は、二人に対話の会への申し込みを勧めた。

・『対話の会』の開催

加害少年は、心からの謝罪の言葉を述べた。そして、親の愛情が感じ取れない鬱屈した気持ちから、「事件を起こせば親の関心が得られる、親を刺そう」などという思いを抱くようになり、事件の数カ月前から包丁を所持していたこと、両親に迷惑をかけたい思いから突発的に事件に至ったことを語ると共に、少年院生活で我慢をすることを覚えたと語った。そして、「自分が望んでも被害者少女は到底会ってはくれないだろうと思っていたのに、会ってもらえてありがたい、謝罪ができてうれしい」と素直に語った。

被害少女は、もともと少年の家庭環境や鬱屈した気持ちは知っていた、しかし、少年に刺された傷は身体にだけではなく心にも大きな傷を残し、ちょっとした物音やパトカーのサイレンに震え上がり、人間不信におちいり、拒食症にもなるつらい三年間だった、と語った。

少年との間で長期分割で被害弁償する合意が整うと、最後に少女は、「まだ許してはいないけど、もう怒ってないよ」と、姉のような目で少年を見つめながら言った。

それは、少年の心からの謝罪を受け入れると同時に、彼がこれから懸命に働いて被害弁償を果たした時、「きっと許せるようになると思う」という自分自身と少年への励ましの言葉でもあった。

・続かなかった長期分割

『対話の会』が終わってしばらくは、分割払いの被害弁償が実行されていたが、少年が職を変わり住居を転々とし、やがて再非行をおかしてしまい、ついに分割金の支払いは途絶えてしまった。この間、進行役は、少年の転職先、転居先を訪ね、何とか少女への支払いを続けさせようと努力し、少年の状況を少女に伝えてきたが、それは自分たちの無力を知る道筋でもあった。

少年の立ち直りが被害者加害者の対話だけで果たせるものでないことは、自明の理ではあった。なぜなら、非行の原因の多くは、成育歴や家庭環境などにあり、その改善なくして少年の決意のみで更生することは困難だからである。この少年の場合、少年自身は少年院で〝変わった〟つもりで帰って来た。しかし、帰った先の家庭は、少しも〝変わっていなかった〟。対話の会は、なかなかここまで立ち入れない。このケースでも、事前準備の段階から、少年の親にも対話に参加してくれるよう頼んでいたが、「もう、あの子のことには関わりたくないんです」と言って拒否されてしまっていたのである。

このように再非行の芽になる問題が残存していることがわかっていたのに、『対話の会』を開いたのは間違いだったのか、それとも……、今も答えが出ないまま被害少女に「申し訳ない、どうかさらなる人間不信に陥らないでほしい」と願うしかない、にがい思いの残るケースであった。

よく話してくれたわね――「傷害致死ケース」

・被害者遺族からの申し込み

被害少年は、些細なもめ事が原因で加害少年グループ九名に集団リンチされ、逃げようとして川に飛び込み溺死してしまった。彼の無残な遺体が発見されたのは、事件から一週間後……。

両親は、その間、彼に何が起きたのか、どうして家に帰ってこないのかもわからず、食べることも寝ることもできずに過ごした。遺体が発見され、先に本人確認に立ち会った父は、そのあまりにむごい姿に、母が遺体に対面することを止めた。その場では、夫の言うことにしたがった母だったが、次第に、なぜ最後に息子を抱きしめてやれなかったのかと悔やみ、そのことが心から離れなくなった。

九人の加害少年たちは全員逮捕され、少年院に送られた。被害少年の両親は、事件の真相が知りたいという思いから民事訴訟を起こした。しかし、民事訴訟では弁護士の書いた書面や警察の書いた供述調書などが出てくるばかりで、どうして自分の息子がこんな目に遭わなければならなかったのか、加害少年たちはいったいどんな少年たちで、今、自分がしたことをどう思っているのか、両親が本当に知りたいことは何もわからなかった。

そして事件から三年後、対話の会への申し込みを決意したのだった。ちょうど、民事訴訟の方では、一人の加害少年と金銭面での和解が済んだところだった。

どれほどつらい日々を過ごしてきたのか想像もつかないが、事前面談に臨んだ両親は、穏やかに静かに、「我が子の最期の場面を知りたい、加害少年が今事件のことをどう思い、それだけ事件の重さを意識してこれからの人生を歩もうとしているのかを知りたい」と語った。

裁判で和解が成立した加害少年は、九人の中で最も関与の度合いが低い少年だった。まずは、この少年を相手方として、対話の会の準備をすることになった。事前面談で会った少年は、少年院でとても良い教育を受けたと言い、これが本当にあのような事件を起こした少年なのかと疑いたくなるほど真面目な態度で、人の命を奪ってしまったことの重さをその小さな肩にしっかり背負っているように見えた。今は、定時制高校に通っているとのことだった。

・『対話の会』の開催

『対話の会』は、進行役二名を含む参加者全員が丸く円を描くように椅子に坐って行なう。机は置かない。これが、議論ではなく対話をすること、言葉だけでなく全身で互いに気持ちを伝え合うことに、とても適しているのだ。

自己紹介のあと、進行役の私は、まず被害者側から事件での体験を語ってもらうことにした。

被害少年の父が、被害少年がどれほどかけがえのない大事な息子だったか、十九歳で人生を終えてしまった息子がどれほど無念か、遺体が見つかるまでの一週間どんなに心配したかを語った。

次に被害少年の母に「どうぞ」と話を勧めたが、加害少年を前にし、積年の思いで胸がいっぱいなのか、何も言わず、「主人が言ってくれましたから……」とだけ。

私が、事前面談で母が一番に求めていたことについて、「息子さんの最期の場面を知りたいとおっしゃっておられましたよね」と言うと黙って頷《うなず》いたので、加害少年に水を向けた。

加害少年は、自分自身、事件そのものの詳細を語るのはつらそうだったが、事の起こりからリンチの模様、被害少年が川に飛び込み、レスキューを呼ぼうとしたが皆に反対されて呼べなかったこと、仕方なく家に帰ったものの、被害少年が溺れて死んでしまうのではないかと恐ろしく、部屋にこもってガタガタ震えていたことなどを、一つ一つ思い出しながらていねいにていねいに語った。母は、うつむきながら、しかし心で真剣に聞き入っている様子だった。

最後に、加害少年から、「毎年、被害少年のお墓参りをさせてもらいたい」との提案があり、被害少年の両親もこれを承諾した。私が、「合意文書にそのことを書きますか?」と聞くと、被害少年の父が「いや、文書にはしなくていいです。文書で約束したから、義務として行くというのはどうも……。気持ちがあったら来てもらうという方が良いと思います」と言い、『対話の会』が終了した。

サークルの真ん中に被害少年が静かに微笑んでいたような、感慨深い『対話の会』だった。

・『対話の会』が終わって

参加者一人一人が席を立ち帰りかけたとき、被害少年の母が加害少年に歩み寄って、「よく話してくれたわね」と微笑みかけた。

加害少年は、一瞬驚いたように目を見開き、何が起きたかわからないような顔をしていたが、やがて顔を紅潮させ感謝に堪えないような表情で、その母に深々と頭を下げた。

私も、もう一人の進行役も、この二人の姿を見て、「ああ、私たちの働きが二人の役に立ったんだ」と胸をなでおろした。

4

性犯罪では『対話』は無理？

被害者加害者の対話が無理な犯罪があるのか？

十四年前に対話の会を立ち上げたとき、メディアや学者の方々から「殺人などの重い犯罪では、加害者との対話を望む被害者などいないのではないか？」「性犯罪では、対話などあり得ないのではないか？」という質問を受けた。私は、「そうかもしれないけれど、まずは先入観をもたず、犯罪類型による排除をせずにやってみたいと思います」と答えた。

実際に対話の活動を始めてみると、第一号のケースがいわゆる集団リンチで被害者が死亡した事件だった。その後も、殺人未遂一件、傷害致死五件の申し込みを受けた。性犯罪についても、強制わいせつ事件三件の申し込みがあった。しかも、窃盗や恐喝では加害者側からの申し込みが多かったのに対して、こうした重いケースはすべて被害者からの申し込みによるものだった。

死亡事件の被害者遺族は、加害者の顔など見たくないという思いもある一方、「どうして私の息子が殺されるようなことになったの？」「今、加害者はそのことをどう思っているの？」など、知りたいことがたくさんあり、それを知るために加害者と会ってみようと思う遺族もいるのだ。

それでは、性犯罪の被害者の場合、いったいどういう理由で加害者と会ってみようと思うのだろうか。

三つの強制わいせつケースに共通した被害者のニーズ

申し込みがあった三つの強制わいせつケースは、いずれも、加害少年が同じ地域に住む未成年の少女にわいせつな行為をしたというものだった。

少女の親が、「事件によって深い心の傷を受けた娘が、今後、もしも同じ地域に住む加害少年に出会ってしまったら、どんなにショックを受けるだろう。事件を思い出し、心の傷を深めてしまうに違いない。それを思うと、不安でたまらない」と言って申し込んできたのだった。

対話の会は、ケースを担当する進行役二名を決め、まずは、申込者である被害者の親と面談して、じっくりその話を聞いた。いずれのケースも、被害者本人である少女とは会っていない。むしろ、少女に事件のことを思い出させるような二次被害を与えないためにはどうしたら良いかが、申込者のニーズだったからである。

三ケースの親たちが異口同音に言ったのは、「できることなら加害者にどこか遠くに行ってほしい」ということだった。しかし、加害者もまた未成年であることから、家族と離れて遠くで暮らすのは、ほとんど不可能だった。加害者の家族にしても、先祖伝来の家に住んでいるとか、その土地に定着して家業を営んでいるとかの事情があり、一家をあげて引っ越すことなど到底できない状況だった。対話の会としても、被害者側の人権を保障するのは当然のことながら、加害者側の人権も考えなければならず、加害者やその家族を地域から追い出すようなことに手を貸すわけにはいかないと考えた。被害者側も、そのことは理解してくれた。

解決策のヒント

進行役が、どうしたものか頭を悩ませていたとき、一つのケースで起きた過去の出来事が解決策のヒントをもたらしてくれた。

そのケースでは、事件の後、被害者の親と加害者の親が話し合って、被害者家族が日頃よく行く場所に、加害者家族は行かないようにするという約束をしていた。ただ、どの場所がそれに当たるのかがはっきりしていなかったこともあって、ある日、二つの家族がファミリーレストランでばったり出会ってしまった。

その時のことについて、被害者の親は、「あの人たちは、平気で約束を破ってレストランに来て、しかも、いかにも楽しそうに一家団欒してたんです。その上、私たちに気づくと、挨拶もせずにプイと顔をそむけて……。許せません！　うちの家族には、事件以来、心から楽しめる一家団欒もないというのに！」と語った。

加害者側に聞くと、「あのレストランに行ってはいけないとは思いませんでした。被害者家族に気づいたとき、挨拶しようかどうしようか迷ったけれど、挨拶して、あの少女がうちの息子に気づいてしまうといけないと思って、何も言わずに離れた席に着いたんです」とのことだった。

こうした誤解は、狭い地域の中で起きがちな少年事件では、よく耳にすることである。たとえば、少年院で立ち直りを決意して地元に帰ってきた少年を励まそうと、同窓生たちが集まって会食している場を被害者家族が見かけて、「あいつは少年院から帰っても、ちっとも変わっていない。昔の不良仲間と〝出所祝い〟なんかして騒いでいる」と誤解するなどである。

対話なしに被害者と加害者が同じ地域の中で疑心暗鬼になっていると、こんな誤解が双方の距離をますます引き離し、互いの心を蝕んでいくのである。

地図上の住み分けと、素知らぬふりの約束

失敗に終わった親同士の約束にヒントを得て、進行役は、地域の地図を机に広げ、この地図上で、被害者家族と加害者家族がなるべく顔を合せないですむような住み分けができないものだろうかと考えた。

線路や道路を基準にして、これより西側は被害者一家の住む地域、これより東側は加害者一家

の住む地域にする、といったことである。加害者側でいえば、スーパーも病院も、今までは西側のスーパーや病院に行っていたとしても、これからは多少不便でも東側のスーパーや病院に行くことにする、というわけだ。

それでも、この地域に一つしかない総合病院や役所などには行かないわけにいかない。ある加害少年の親は植木屋だったから、反対側の地域の家の庭の手入れを頼まれれば、仕事である以上、断るわけにいかない。そこで、どうしても反対側の地域に行かなければならない時には、進行役を通じて、あらかじめそのことを相手側に伝えるようにしたらどうだろうということになった。

さらに、こうした手立てを講じておいても、たまたま偶然に出会ってしまうということも考えておかなければならない。その場合は、あえて「お互いに素知らぬふりで立ち去る」というのを約束事にしておいたらどうだろうと考えた。何の約束もなく素知らぬふりで立ち去れば、それがたとえ善意からであっても、他方から見ると「ぷいと顔をそむけ、失礼な態度で立ち去った」と誤解されかねないが、約束事にしてあれば、「ああ、あの人たちは、約束を守って、ちゃんと素知らぬふりで立ち去ってくれたんだ」と思えるからだ。

対話の会と合意文書の取り交わし

こうして、三つのケースとも、①地図上の住み分け、②素知らぬふりの約束、をめざして、進行役が何度も双方の間を行き来する準備を進めた。

残念なことに、三つのうち二つのケースでは加害者側の別な事情が原因となって合意に至ることができなかったが、一つのケースでは、①と②、そして③被害に対する賠償、を合意し、それを文書化することができた。

その後、被害者側からも加害者側からも特に苦情などが出ていないことからすると、何とかこの住み分けはうまくいっているのだろうと思われる。合意に至らなかったケースでも、被害者側がこの住み分けを求める気持ちは加害者側に伝わり、加害者側でも被害少女との接触を何とか避けようと努力をすることは期待できた。

修復的対話と既存の司法の具体的な違い

実は、弁護士である私は、この〝住み分け〟という解決策に非常に驚かされた。既存の刑事司法や民事司法では、まったく想像もつかないニーズと解決策だったからである。

既存の司法の解決策は、ごく大ざっぱに言って、刑事罰（少年なら保護処分）と損害賠償しかない。これに対して修復的司法では、対話に参加する当事者のニーズと発案で、どのような償いや合意も自由に取り決めることができる。三つのケースの場合、当事者双方が地域社会の中で安心して暮らせるために最も必要だったのが〝住み分け〟だったわけで、ここに既存の司法では果たせない修復的対話の役割があることを実感した次第である。

5

『家族との対話』が少年にもたらすもの

被害者加害者対話の会と『家族の対話の会』

被害者と加害者の『対話の会』を準備する過程で『家族の対話の会』が必要になることがある。たとえば、加害者側家族の中で、加害少年は少年院で深い反省をして帰って来て被害者に心から謝罪しようとしているのに、親の方は被害者から多額の損害賠償を請求する裁判を起こされていて、まるで自分の方が被害者であるかのような意識をもってしまっているような場合である。加害少年とその親との間に、このように大きな食い違いがあるままでは、到底一緒に被害者側との『対話の会』に出ることはできない。そこで、親子のギャップを埋めるための『家族の対話の会』が必要になるのである。

この『家族の対話の会』は、被害者と向き合う場合だけでなく、非行原因の解消にも大いに役立つ。また、同じ屋根の下にいる家族は、互いにボタンの掛け違いのような感情を抱えているのに、なかなかそれをきちんと言語化して伝えることができず、いつの間にか大きな確執を抱えることになってしまいがちである。

そんな時、赤の他人が間に入ることによって、その他人に対しては、自分の考えや希望を言語化して伝えることができ、その言葉を他方の家族が聞くことによって、思いもかけない修復が可能になる場合もある。それが『家族の対話の会』なのである。

コンビニ強盗をして被害者にケガをさせてしまったコウジ君

このケースは、NPO法人対話の会の活動としてではなく、私がコウジ君の付添人弁護士になったときに『家族の対話の会』を開いたものである。

コウジ君は、前にも二回事件を起こし保護観察中だったが、悪い先輩たちとの関係が絶てず、ついに住居侵入・強盗致傷という重い罪をおかしてしまった。コンビニ強盗を三件もやり、うち一件では店長を縛りつけて殴り、ケガまでさせてしまったのだった。私は、別の付添人弁護士の応援として途中から付添人になったのだが、そのときにはこれまでの経過や今回の事件の内容から、家庭裁判所が少年審判ではなく大人の刑事裁判に送る「逆送」という決定をするであろうことがほぼ確実な見通しだった。

少年鑑別所でのコウジ君との面談

付添人になった私は、早速コウジ君に会いに少年鑑別所に行った。そして、コウジ君と一緒に、彼のこれまでの人生を振り返り、どうしてこんな重い罪をおかすところまで来てしまったのかを考えた。コウジ君は、前に保護観察処分を受けたあと彼女ができ、最初はその彼女に優しくされ仕事も頑張っていたのだが、彼女に夢中になるあまりに仕事もそっちのけになり、彼女を拘束しすぎたために彼女にふられてしまった。そして、今度は自暴自棄になって強盗までしてしまったのだった。強盗をした直接の原因は、兄に立て替えてもらっていた携帯電話代を早く返さなければと思ったことだった。

私は家庭裁判所の記録で彼の成育歴を読んでいたので、「あなたは、小さい頃お母さんに甘えられなかったよね。おばさんの家に預けられて、おばさんにいじめられたことも遠慮してお母さんに言えなかったね。そういうことが原因で、彼女にお母さんを求めてしまっていたんじゃない？」と聞いた。するとコウジ君は、はっとした表情でうなずいた。「お兄ちゃんのこと、尊敬もしてるけど、すごく怖がってるよね。それ、おばさんの家に預けられていたとき、お兄ちゃんによく殴られたから？」と聞くと、これも大きくうなずいた。

そこで私は、「私からお母さんとお兄ちゃんにあなたの気持ちを伝えるね。もし二人がわかってくれたら、この鑑別所の面会室で『親子の対話の会』と『兄弟の対話の会』をして、ちゃんと自分で自分の気持ちを伝えてみない？　あなたが変わるためには、家族にも変わってもらわなきゃてみる！」と答えた。

でしょ？」と提案した。コウジ君も不安そうながら、何とか変わりたい一心だったのだろう、「やっ

お母さんとコウジ君の『対話の会』

山田（母に）コウジ君が小さい頃、おばさんにいじめられても、お母さんに心配かけたくなくて言えなかったそうですが、そのことを、今どう思いますか。

母　ごめんね。寂しい思いをさせて。つらかったと思う。お母さんもあとでわかって、本当におばさんのことを怒ったし悲しかった。

コウジ　黙ってうなずく。

山田（母に）これからについては、どんなことを考えていますか。

母　出てきたら、もうお兄ちゃんも家を出てるし、二人きりで住もうね。コウジは勘違いして、お母さんがお兄ちゃんのことばかり気にかけてるように思っていたかもしれないけど、それは、お母さんに何かあったらコウジのこと面倒みるのはお兄ちゃんだからなのよ。コウジのためなの。コウジは、私と一緒にテレビ見てても、お兄ちゃんが帰ってくると遠慮して自分の部屋に行ってしまったりしたけど、そういう

とき、お母さんは「なんで？」と思ってたのよ。何だか寂しかったのよ。お母さんは、これからコウジのお母さんをいっぱいやってあげようと思ってる。ううん、本当は、もうそうしようと思って、夜の仕事やめて、コウジが仕事に行くのに朝起こしてあげたりお弁当作ってあげたりするのが楽しかった。毎日、明日のお弁当のおかず、何にしようって考えるのも楽しかった。コウジも、「おいしかった」ってメールくれたりしたよね。あれも、うれしかったよ。

山田（母に）コウジ君は、これから償いのために施設に収容されると思われますが、お母さんは、その期間について何か考えていることがありますか。

母　絶対に面会に行くからね。いつもコウジのこと思ってるからね。前は、コウジは、お母さんのこと思って何も言わなかったけど、何でも言ってほしい。甘えていいんだからね。もっとお母さんに甘えてもらいたい。ずっとお母さんと一緒だからね。

山田（コウジに）どうですか。お母さんの話を聞いて、どう思いましたか。

コウジ　知らなかったことがいっぱいあって、ちょっと驚いたというか……。

山田（コウジに）そうなの。どういうことが知らなかったことなの？

コウジ　お母さんが僕の弁当作るのうれしかったなんて、知らなかった。

山田（コウジと母に）そう、それはわかって良かったわね。親子って、わかってるはずだと思い込んでいて、わざわざ口にしなかったりするもんね。これからは、お母さんもコウジ君も、お互いの気持ちをちゃんと口に出したり手紙に書いたりして伝え合ってくださいね。

母　コウジ、がんばるんだよ。また来るからね。

お兄ちゃんとコウジ君の『対話の会』

兄（にこにこ顔で）よおっ、元気か!?

山田（兄に）はじめてコウジ君が今回の事件を起こしたことを知った時、どう思いましたか。

兄　まず、コウジがこんなことするなんて思ってもいなかったから、驚きました。そして、俺の重圧が関係あるのかな、と思いました。

山田（兄に）私から、コウジ君にはお兄ちゃんに対して、小さい頃からのトラウマ的なものがあるらしいとお話ししましたが、どう思いましたか。

兄　そのとおりだと思いました。ただ、自分としては、そこまでコウジが重圧に感じているとは知らなかった……。（コウジ君に向かって）すまなかったな。携帯代のことも、ただコウジにやるべきことはきちんとやらせたいと思っていただけで、払えない時はちゃんと理由を説明してくれれば、それでよかったんだ。

山田（コウジに）お兄ちゃんが、ここまで言ってくれたんだから、コウジ君も自分がどんな気持ちだったか、自分の言葉でちゃんと説明したら？

コウジ（しばらく、うつむいて、言葉を探している様子）これからは、逃げないで、ちゃんと事情を話したり、相談したりする。

山田（兄に）コウジ君は、お兄ちゃんのことを尊敬してるし憧れてるけど、それが他人への暴力になったり、いけないことをして一気にお金を稼ごうとすることにつながっちゃうことをどう思いますか。

兄　俺も、結構ワルだったこともあるし、いろんな奴を見てきたけど、あるときから線を引いて、裏の道じゃなくて表の道を行こうって決めて、今の仕事についたんだ。でも（にこっとコウジ君に笑いかけながら）、俺たち、はっきり言って頭悪いよな？（コウジ君も、にこっと笑ってうなずく）だからさ、俺も仕事の面接十五回くらい受けて、みんな落とされた。コウジは知らないと思うけど、それで、俺、すごい勉強したんだぜ。金がないから、勉強するにも金かけられなくて、自分で手帳に敬語とか漢字とかいっぱい書いて必死に勉強した。そういう俺の姿をコウジにも見せてやれると良かったなぁ。お前が帰ってくる頃には、俺も今とは違って、お前に仕事の一つも世話できるような立場になってるように頑張るつもりだし、重圧じゃなくて、何でも話せる兄貴になってるつもりだ。待ってるからな。

山田（コウジに）コウジ君からも、今鑑別所で考えていることや、これからのことでお兄ちゃんに頼みたいこととか、伝えたら？

コウジ　今日、今まで知らなかったことがいっぱいわかったんで、すごく嬉しいし……、やっぱり、申し訳ないと思う。

山田（コウジに）今日はじめてわかったことって、どんなこと？

コウジ　お兄ちゃんがこんなに僕のこと考えてくれてたなんて、知らなかった。勉強したとこ見せたかったとか……。

私が、もう司会の必要はないと身を引くと、お兄ちゃんはコウジ君の気持ちをほぐすように「差し入れ、何がいい？」などと話しかけ、コウジ君もようやく打ち解けて、二人の雑談が続いた。コウジ君は私との面談で、事件を起こしたのは「お兄ちゃんに一気に借金を返して、お兄ちゃんと昔みたいに仲良くなりたかったから」と言っていたのだが、雑談する二人の様子はまさに〝昔みたいになれた〟時間であったように思われた。

対話のあとのコウジ君

この対話のあと、コウジ君はまるで人が変わったように、真剣に自分の問題点やそれを改善するためにこれから自分がすべきことを考え、それをノートが文字で埋って真っ黒に見えるほど、びっしりと書き出した。家庭裁判所の裁判官は、このノートや審判の時のコウジ君の穏やかで前向きな姿勢を評価したのであろう、逆送ではなく少年院送致にしてくれた。コウジ君も、むしろ少年院送致になったことを喜び、そこでしっかり学び立ち直ってくると約束して旅立った。

6

応用してみませんか？
少年院内での「被害者の視点を取り入れた教育」

少年院内での「被害者の視点を取り入れた教育」

近年、刑事司法や少年司法で、いかにこれまで犯罪被害者の権利がなおざりにされてきたかが反省され、さまざまな被害者のための施策が講じられるようになった。矯正教育も例外ではなく、少年院の中で「被害者の視点を取り入れた教育」というものが行なわれるようになった。多くの少年院で行なわれているのは、実際に犯罪被害にあった被害者の講話や、ロール・レタリングといって、実際には郵送しない被害者への手紙を書き、それを被害者の立場になって読み返事を書く、これを何往復かするというものなどである。

対話の会では、二〇〇七年から少年院にスタッフ五〜七名が出向き、独自に考えたプログラムでこの教育を実践している。もちろん、私たちは矯正教育の専門家でも心理学の専門家でもないが、日頃、地域のおじさんおばさんとして被害者加害者対話の進行役を経験しているので、その経験を生かして、少年たちが被害者のことを考えるお手伝いをするわけである。

このプログラムは、決して少年院の中だけとか被害者についてだけとかに限らず、非行と向き合う親子の間で被害者のことを考える際や、いじめの問題を教室で考える際にも応用できるものだと思われる。

プログラムの概要

授業は、一回二時間程度を月に一回、七回（少年院に約一年いる標準生の場合）から十二回（少年院に約二年いる長期生の場合）行う。授業の前にはアンケートや課題を与えて、次の授業のテーマについてあらかじめ自分で考える時間をとる。

授業では、少年たちとスタッフとが椅子だけのサークルになってすわり、最初に「動物に例えると自分は○○だと思います。なぜかというと……」といったユーモラスな自己紹介をして和やかな雰囲気をつくる。そのあと、リーダーのスタッフがその日の授業の進め方を説明し、次に少年一人とスタッフ一人のペアまたはスタッフも入ったグループでロールプレイやディスカッションをし、最後に各グループで話題になったことや気づいたことを全体に報告して交流する。

各回のテーマと進め方は次のようなものである。

第1回　犯罪被害者のことを知る

＊犯罪被害者は、どのようなことに苦しみ、どのような訴えをもっているのか

＊犯罪被害者には、どのような支援が必要で、どのようなことによって救われ癒されるのか

第2回　ロールプレイで実感する被害者の気持ち・加害者の気持ち

＊ある架空の恐喝事件を題材としたロールプレイで、まず加害者の台本を読み、加害者役になりきって、スタッフに体験や気持ちを語る。

＊次に初めて被害者の台本を読み、被害者役になりきって、スタッフに体験や気持ちを語る。

第3回　自分にも被害体験はないか？　その時どんな気持ちだったか？　考えてみよう

＊授業前にアンケート――これまでで一番幸せだったこととつらかったことを記入する。自分がつらかった体験を思い起こすことで、自分にも広い意味の被害体験があることに気づいてもらう。

＊スタッフに自分の被害体験を話すことにより、犯罪被害者一般や自分の事件の被害者の心情に思いを致す

第4回　被害者が加害者に対して望むこと

＊授業前にアンケート――自分の事件の被害者は自分に何を望んでおり、それついて自分に何ができるかを考えて記入する。

＊スタッフとの話し合いと全体ディスカッション

第5回　犯罪被害にあった被害者は、どのような体験をし、どのような気持ちをもつのだろう

＊授業前に、自分の事件の被害者が①事件当時、②事件から一週間後、③三カ月後、④六カ月後、⑤一年後、にどのような体験をしたかを想像して表に記入する。

＊スタッフと一緒にその表を見ながら、一つ一つていねいにさらに想像を具体化する話し合いをする。

第6回　被害者になって自分の手紙の内容を聞き、被害者と会って自分の気持ちを伝えるロールプレイ

＊授業前に自分の事件の被害者に手紙を書く。

＊スタッフが少年の書いた手紙を読み、少年は目をつむり被害者になりきってそれを聞く。その後、その手紙は、被害者の心に届くものだったか、そうでないとしたら、何が足りないのか等を話し合う。

＊次に、スタッフが被害者役になりきり、少年が自分の事件の被害者と会って自分の気持ちを伝えるロールプレイをし、その後、双方の感想を話し合う。

第7回　問題解決能力を身につけよう

＊仮退院して地元に戻った際に問題解決能力が求められる四つの場面を提起し、そのうち自分が直面しそうな場面についてスタッフと解決策を話し合う。必要に応じ、その場面のロールプレイをしてみる。

＊四つの場面——①非行の一因だった家族の問題が依然としてある、②不良交友のあった友人からの誘い、③少年院にいたことを隠して就職した場合の職場での人間関係、④被害者か

らの損害賠償請求

少年たちの思い込みと実際の被害者

私たちがこの授業を始めた頃、まず驚いたのは、少年たちが「被害者は絶対に一生自分を恨み続ける」、「二度と自分と関わり合いたくないと思っている」と決めつけていることだった。

もちろん事案によっては、少年たちの思っているとおりの場合もあるだろう。しかし、私たちが対話の会を通じて出会う被害者の方の中には、たとえ死亡事件であっても、「事件の真実を知りたい」、「加害少年が事件のことを今どう思っているのか知りたい」といった理由から、加害少年との対話を求める被害者もいる。逆に、他人からは軽い犯罪だと思われがちな窃盗や恐喝でも、盗まれた物が結婚指輪であったり、被害にあったことがきっかけで人生が変わってしまっていたりすると、加害者少年から対話を求められても、到底応じる気になれないと言う被害者もいる。

被害者の思いは、決して犯罪の種類などで類型的に決めつけられるようなものではなく、一人一人みんな違う。そして、同じ被害者でも、時の流れによって変わることもあるし、同じ一日の中でも、朝は恨みがつのり二度と加害者の顔も見たくないと思ったのに、夜には加害者と会って本当に反省しているのかどうか確かめたいと思ったりもする。

私たちがこの授業を通じて少年たちに伝えたいのは、このような生身の被害者の姿である。少年たちが少年院の中で〝変わる〟ように、社会の中で被害に苦しみながらも〝生きて〟〝変わっていく〟被害者の姿なのである。

少年たちの〝ハハァ体験〟や〝気づき〟

少年たちは、ロールプレイやグループ・ディスカッションを通じて、たくさんの〝ハハァ体験〟（心理学で「ああそうだったのか！」という驚き体験を表わす言葉）や〝気づき〟をする。

第二回の架空の恐喝事件のロールプレイでは、加害者役をやったあとに被害者の台本を初めて読み、被害者役をやることで、「ああそうだったのか！　被害者にはこんな事情があったのか」と知る。両方の役をやったあとの話し合いでは、「加害者は被害者の説明もろくに聞かずにカッとなって殴ってしまった。もし被害者の話をよく聞いていたら、殴ったりしなくてすんだのに」と気づく。

在院中に被害者から損害賠償請求の裁判を起こされたある少年は、「被害者が求めているのはお金だけ」と決めつけていた。しかしスタッフから、被害者の中には、たとえ裁判に勝っても少年側に支払い能力がないことを知りながら、事件の真実や少年側にどれだけの反省や誠意があるのかを知りたくて裁判を起こす人もいるという話を聞き、決めつけをやめ、自分の被害者が真に求めているものは何かを考えるようになった。

空き巣をしたある少年は、第五回の授業で被害者の体験を具体的に想像するうち、「被害者は玄関を開けて部屋が荒らされているのを見た時、まだ犯人が家の中にいるかもしれないと思っただろう。だとしたら、どんなに怖かっただろう」、「そうだ！　女の人だから、犯人が自分をレイプするために侵入したと思ったに違いない。だとしたら、怖くてもうあのマンションには住んでいられず、引っ越したかもしれない」と言い出した。彼は、事件から一年も経って初めてそのことに気がついたのだ。

多くの犯罪で、加害者側から見た事実と被害者側から見た事実には食い違いがあるものだが、こんなふうに少年たちはそのことに気づいていく。そして、自分のしたことの被害者にとっての意味を知るようになる。すると、誰に押しつけられることもなく、心の底から「ああ、悪かった。申し訳ない」という気持ちが沸き起こり、自分にどんな償いができるのかを考え始める。それまでは、少年院にいること自体が〝償い〟だと思っていた彼らが、それだけでは被害者その人に対する償いにはなり得ないのではないかと考え始めるわけである。

〝気づき〟の援助をする意義とその応用

この活動をしてきて、私たちは少年たちの持つ〝可塑性《かそ》〟というものに、いつも驚かされ、たくさんの感動をもらう。たまたま社会経験が乏しいためにとんでもない思い込みをしている少年も、ちょっとした示唆で「本当にそう？」と揺さぶってみると、そこにはみずみずしい感性があり豊かな想像力があって、自分自身の力でその思い込みを打破し、新たな考えや視野を広げることができるのだ。

このことは、家庭や学校で起きるさまざまなトラブル場面についても同じではないだろうか。相手の立場に立って考えるという機会を、お説教ではなく、ロールプレイなど前記のプログラムの応用で与えてみてほしい。きっと良い〝ハハァ体験〟や〝気づき〟が得られるにちがいない。

7 対話によるいじめの予防と克服

いじめって何?

いじめは集団の病理である。集団が一人一人の個性を尊重せず、自由闊達な雰囲気を持たないとき、いじめが生まれる。いじめられている子に責任や原因はない。むしろいじめている子の側の心にある閉塞感やストレスこそ、いじめの原因といえる。いじめられている子は、ただそのはけ口・標的にされているだけなのである。

したがって、いじめを克服するためには、まず集団そのものの雰囲気を自由闊達なものに変えること、次にいじめている子の心にある閉塞感やストレスの原因を把握し、これを和らげることが大切である。たとえば、担任の先生があまりに几帳面で完璧主義である場合、他の先生がのびのびした雰囲気を作ってあげるとよい。また、いじめている子は、自己肯定感が持てず家庭に問題をかかえていることも多いので、じっくりその話を聞いて問題解決に手を貸してあげるとよい。

理想的ないじめ対応

いじめの四層構造論というのがある。いじめには、①被害者、②加害者、③観衆(いじめをはやしたておもしろがって見ている子）、④傍観者（見て見ぬふりをする子）、の四層があり、いじめ被害の大きさは「加害者」の数とは関係なく、「傍観者」が多くなるほど被害が大きくなるというのである。逆に「傍観者」が少なくなれば「加害者」はクラスから浮き上がっていじめは減るというわけだ。

ある中学校の先生は、この「傍観者」の中の心ある子何人かに、いじめられている子を守ってやってほしい、いじめている子をほめて自信を持たせてやってほしいと頼んだ。その子たちは、文化祭の演劇の準備で、いじめられている子を衣装係に、いじめている子を大道具係に誘った。夏休みの間に、係ごとに集まって衣装を縫ったり大道具を作ったりしているうちに、いじめられていた子は孤立感から救われ、いじめていた子は自分もみんなの役に立つんだという自信を持ち、秋にはいじめが収束していったとのことである。

私は、素晴らしい実践だと感心した。周囲の大人がアンテナを高くし、早い段階でこの先生のような手を打つことが、いじめ克服の最も効果的で誰も傷つけない解決策なのではないだろうか。ただ、どの先生にもこのような実践ができるとは限らない。対話の会では、これまでの実践を踏まえ、いじめ予防策である「修復的サークル」といじめ克服策である「修復的対話」を、どの学校でも実践できるプログラムとして推奨している。

「修復的サークル」によるいじめ予防

学校での朝の会やホームルームで、クラス全員がサークルになって座る。トーキング・ピース(それを持った人が、今話している主人公であることを示す物――花でもボールでも何でもよい)を回しながら、一人ずつ「今、みんなに聞いてほしいこと」とか、「この頃、気になること」などのテーマで話す。普段の授業では、よく手を挙げて発言する子もいれば、一日中まったく手を挙げない子もいるが、ここでは、必ず自分が主人公になる時間が設けられ、みんなに注目してもらい、自分の個性や考えをクラス全員に伝えることができる。聞いている側も、「普段目立たないあの子がこんなことを考えていたのか!」とか、「この子には、そんな素敵な面があったのか!」などと気づくことができる。

その他にも、遊びや共同作業の中でコミュニケーション能力を高めるプログラムがある。先に少年院での活動で紹介した「動物に例えると……」の自己紹介もその一つである。「友達と仲良くするのに、すると良いこと、してはいけないこと」という遊びも、なかなか盛り上がる。

ピンクの部分と白い部分のある4枚の紙を子どもたちに渡す。四グループに分かれて、ピンクの部分には「すると良いこと」、白い部分には「してはいけないこと」を、思いつくまま落書きのようにみんなでたくさん書く。書き上がった四枚の紙を合体させると、そこには、ピンクの大きなハートのマークが現われ、ハートの内側には「助け合う」「ほめる」「相手の気持ちになる」などの暖かい言葉が、ハートの外側には「悪口を言う」「無視する」「仲間はずれにする」などの冷たい言葉が書かれている。誰もハートができるとは思っていなかったので、びっくりすると同時に、ハートの中に思い思いに書かれたたくさんの暖かい言葉に感動する。これを記念にクラスの壁に貼っておけば、いつでもこの感動を思い出すことができるというわけである。

「修復的対話」によるいじめ克服

これは被害者加害者対話の会の応用であるが、被害者加害者の場合と決定的に違うのは、初めからどちらが加害者でどちらが被害者と決めつけて対応してはいけないということである。いじめは人間関係のもつれから起きるもので、一方はいじめられたと感じていても、他方はそうは思っていないことが多いからである。いじめたつもりはないと思っている子に「いじめた」と決めつけて接しても、反発を招くだけでいじめ克服にはつながらない。むしろ、相手にいじめられたと感じさせるような行為をした理由やその背景にあるその子の心の中のストレスや不満を十分聞いてあげ、そのストレスや不満の解決に手を貸してあげることこそ大切である。

そうしていくと、次第にその子は、自分が本当は相手の子とは関係のないストレスや不満のはけ口としてその行為をしていたことに気づく。また、そのあと、相手の子のつらさや悲しみを徐々に伝えていくと、反省の気持ちも生まれる。こうしたことを進行役が準備段階で行なった後に「対話の会」を開くと、いじめられたと言っていた子は、いじめた子の側にもつらいことがあったと理解し、いじめたとされた子も心からの謝罪をすることができるようになるのである。

あとがき

弁護士の仕事をしていると、さまざまな人間関係の紛争に出会う。離婚事件での夫婦、少年事件での親子、相続問題での兄弟、近隣紛争での隣人同士……、どの紛争でも、ボタンの掛け違いのようなコミュニケーション不足から疑心暗鬼になり、お互いが持たざるを得ない距離や対立をはるかに超える距離や対立ができてしまっていることを感じる。

そこに公平・中立な第三者が入り、それぞれの話しを十分聞き、それを相手に少しずつ伝えていくと、掛け違っていたボタンの位置が少しずつ直っていく。対話の会の活動は、そうした活動なのだと実感している。これからも心優しいスタッフとともに、ふつうの地域住民の一人として、ボタンの掛け直しに努めていきたいと思っている。

そして、今はまだ全国の何か所かにしかない対話の会のような活動が全国に広がるよう、進行役養成講座やセミナーなどを通じて、各地に対話の拠点を作ることが、私の大きな夢である。

著　者

ＮＰＯ法人　対話の会

――犯罪やいじめをめぐる被害者・加害者・地域社会のために

お互いが新たな一歩を踏み出すために大切なのは「修復的対話」です。

お互いが語り合うことで、どうしたら被害者が癒され、加害者が立ち直れるかを考える場を提供します。

私たちの活動は、すべて市民ボランティアによって支えられています。

それは、ひとりひとりのボランティアが、犯罪やトラブルを他人事ではなく、
いつ自分や自分の大切な人が加害者になってしまうかもしれない、
あるいは被害者になってしまうかもしれないものと考えているからです。

犯罪や人間関係のトラブルは、地域社会の中にポッカリと開いてしまった〝穴〟のようです。

刑罰や損害賠償だけでは、その穴は埋まりません。

加害者には、自分が開けてしまった〝穴〟の深さをしっかり見つめてほしい。

その上で、加害者が自ら汗してその〝穴〟を埋めるよう、それによって被害者の心の〝穴〟も
少しは埋められるよう、地域の一員として、私たちもお手伝いしていきたいのです。

理事長　山田由紀子

〔連絡先〕　〒二七〇―二二五一　千葉県松戸市金ヶ作三〇〇
ＴＥＬ　〇四七―三〇三―三六六六
メール　taiwanokai@white.plala.or.jp

「非行」と向き合う親たちの会（通称・あめあがりの会）は
いつでも扉を開いて、みなさんをお待ちしています。

「非行」と向き合う親たちの会は、すべての子どもたちが豊かに成長することを願って、子どもの「非行」に直面した親たちと教師、研究者などが、知恵と力と勇気を出し合って、支え合い、助け合い、学び合う会です。

現在、月五回の例会をもっているほか、会報「あめあがり通信」の発行、公開学習会の開催などをおこなっています。会は、いつでも扉を開いて、みなさんの参加をお待ちしています。

〔連絡先〕　〒一六九—〇〇七三　東京都新宿区百人町一—一七—一四
コーポババ21
TEL　〇三—五三四八—七二六五
FAX　〇三—五三三七—七九一二
メール　ameagari@cocoa.ocn.ne.jp

山田 由紀子（やまだ　ゆきこ）

弁護士　Y's 法律事務所所属
日本弁護士連合会 子どもの権利委員会

1976 年　司法試験合格
1979 年　弁護士登録
2001 年　被害者加害者対話の会（現・NPO 法人対話の会）開設
2006 年　同会理事長に就任

著書　　『子どもの人権をまもる知識と Q&A』（法学書院）

思春期問題シリーズ⑤

少年非行と修復的司法
――被害者と加害者の対話がもたらすもの――

2016 年 4 月 20 日発行 ©

著　者
山田由紀子
発行者
武田みる
発行所
新科学出版社

（営業・編集）〒 169-0073　東京都新宿区百人町 1-17-14-21
TEL：03-5337-7911
FAX：03-5337-7912

印刷・製本：株式会社シナノ パブリッシング プレス

ISBN 978-4-915143-50-2　C0037
Printed in Japan

新科学出版社
169-0073　東京都新宿区百人町 1-17-14-21
tel 03-5337-7911　fax 03-5337-7912
ホームページ　http://shinkagaku.com/